# Llyfr Lluniau Dyslecsia
# a'i Bobl Ryfeddol

_ _ _ _ _ _ _ _ _ _ _ _ _ _ _ _ _ _ _ _ _ _ _ _ _ _ _ _ _ _ _ _ _ _ _ _ _

_Llyfr Lluniau Dyslecsia a'i Bobl Ryfeddol_
Cyhoeddwyd yng Nghymru yn 2021 gan Graffeg.

Graffeg Cyf., 24 Canolfan Busnes Parc y Strade,
Heol Mwrwg, Llangennech, Llanelli, Sir Gaerfyrddin SA14 8YP.
www.graffeg.com

Cyhoeddwyd gyntaf yn 2018 yn y Deyrnas Unedig gan Jessica Kingsley Publishers, 73 Collier Street, Llundain N1 9BE dan y teitl _The Illustrated Guide to Dyslexia and Its Amazing People_.
www.jkp.com

ISBN 9781913733803
eISBN 9781913733810

Cyhoeddwyd gyda chymorth ariannol Cyngor Llyfrau Cymru
www.gwales.com

# Llyfr Lluniau Dyslecsia a'i Bobl Ryfeddol

Kate Power a Kathy Iwanczak Forsyth

Rhagair gan Richard Rogers

GRAFFEG

> Am enghraifft wych o feddwl dyslecsig!

Adeilad Lloyd, Llundain, gan Richard Rogers, Pensaer.
Cafodd yr adeilad ei ddylunio gyda'r pibellau a'r
llifftiau ar y tu allan, gan arwain at y llysenw 'Yr adeilad
tu chwith allan'.

# Rhagair

Pan oeddwn i'n fachgen ysgol yn yr 1940au, doedd pobl ddim yn ymwybodol o ddyslecsia nac yn ei ddeall, felly fel nifer o rai eraill, cefais y label o fod yn dwp. Diolch byth, mae dyslecsia bellach yn cael ei gydnabod fel anabledd dysgu penodol, a gyda'r addysgu cywir, mae'r rhan fwyaf o blant sydd â dyslecsia yn dysgu darllen ac ysgrifennu. Fodd bynnag, hyd yn oed nawr, dydy'r arbenigwyr ddim yn deall dyslecsia'n llwyr; mae llawer iawn o waith i'w wneud eto.

Fel bachgen 10 oed a oedd yn methu darllen, ysgrifennu na sillafu'n dda iawn, collais fy hunanhyder yn llwyr am gyfnod. Roeddwn i'n anhapus iawn. Serch hynny, gwellodd pethau gyda chefnogaeth rhieni cariadus ac un athro penodol a ddywedodd wrtha i am 'ysgrifennu a rhoi'r gorau i boeni a oedd rhywun yn gallu'i ddarllen'. Roeddwn i'n gweithio'n galed a dysgais yn fuan iawn i beidio â chredu pobl a oedd yn dweud wrtha i 'mod i'n methu gwneud rhywbeth. Roedd hi'n fater o ddod o hyd i ffordd arall i'w wneud.

Amcan y llyfr hyfryd *Llyfr Lluniau Dyslecsia a'i Bobl Ryfeddol* gan Kate a Kathy oedd egluro i'w plant sydd â dyslecsia beth mae hynny'n ei olygu. Mae hefyd yn ceisio'u hysbrydoli a'u cymell pan fydd pethau'n mynd yn anodd ac yn eu gwneud yn rhwystredig. Weithiau, mae dyslecsia'n gwneud bywyd yn anodd. Mae'r llyfr yn seiliedig ar brofiadau Kate a Kathy o weithio gyda'u plant ac ar wybodaeth o lyfrau, ymchwil ar-lein, rhaglenni dogfen a chyfweliadau radio. Mae'n gyflwyniad sylfaenol i'ch helpu chi i ddeall beth yw dyslecsia a sut mae'n gallu effeithio arnoch chi. Ar y diwedd cewch lond trol o enghreifftiau o ba mor rhyfeddol y gall y canlyniadau fod.

Mae gan bobl sydd â dyslecsia ffordd wych o edrych ar broblem a'i throi a'i phen i lawr. Daliwch ati.

**Richard Rogers, Pensaer**

# Y rheswm dros ysgrifennu'r llyfr hwn

Mae gormod o eiriau mewn llyfrau dyslecsia arferol! Bwriad y llyfr hwn yw i chi ei fwynhau gyda'ch plentyn. Bydd yn egluro i'r ddau ohonoch y problemau a'r cryfderau unigol sy'n gysylltiedig â dyslecsia, yn cynnig ambell awgrym defnyddiol ac yn chwalu'r rhwystrau.

Felly ymlaciwch ar y soffa gyda'r llyfr hwn, paned ac unigolyn anhygoel sy'n byw gyda dyslecsia a gadewch i'r sgwrs ddatblygu...

# Mae'r llyfr hwn i ti

Nid ti yw'r unig un...

...mae tua 1 o bob 10 ohonon ni'n anhygoel (â dyslecsia).

> Mae'n golygu anhawster gyda geiriau.

# Dyslecsia

Mae'n dod o ddau air Groeg:
'Dys' sy'n golygu anhawster a 'lexia' sy'n golygu geiriau.

Mae'n fwy na dim ond cael anhawster darllen, ysgrifennu a sillafu. Gall effeithio ar siarad, cofio, deall, cyflymder, symud a'r gallu i wneud mathemateg sylfaenol hefyd, ac amrywio o'r ysgafn i'r difrifol.

**Y newyddion gwych yw bod y rhan fwyaf o bobl sydd â dyslecsia, gydag addysg dda, yn dysgu darllen.**

# Mae dyslecsia yn wahanol i bawb

Defnyddia'r canllaw hwn i balu am ystyr
dyslecsia i ti ac i ddod o hyd i'r pethau a fydd yn
dy helpu di i flodeuo

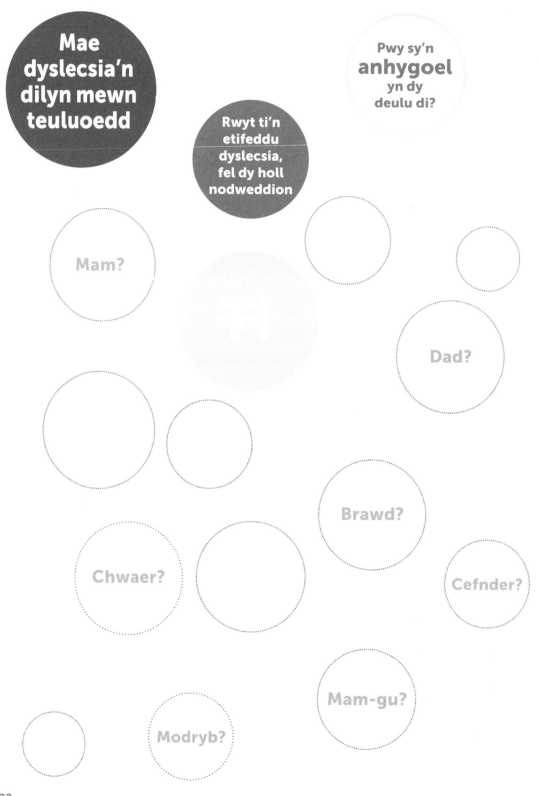

Mae dyslecsia'n dilyn mewn teuluoedd

Rwyt ti'n etifeddu dyslecsia, fel dy holl nodweddion

Pwy sy'n **anhygoel** yn dy deulu di?

Mam?

Dad?

Brawd?

Chwaer?

Cefnder?

Mam-gu?

Modryb?

# Beth am edrych yn dy ben?

Drwy ddefnyddio sganiau ymennydd, mae gwyddonwyr yn gallu gweld bod pobl sydd â dyslecsia yn meddwl yn wahanol. Mae rhai sgileffeithiau hyfryd iawn i hyn.

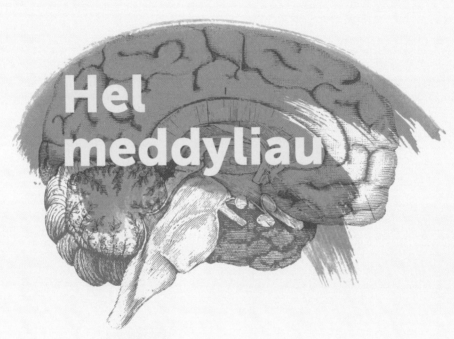

Hel meddyliau

Creadigol

Dychmygus

Adrodd storïau

Dyfeisgar

Cysylltu syniadau

Blaengar

Gweld y darlun ehangach

Datrys problemau

Meddwl yn rhydd

Meddylgar

Meddwl mewn 3D

Angerddol

Paid â chael dy gyfyngu gan ddyslecsia

# Meddwl yn uniongyrchol heb ddyslecsia

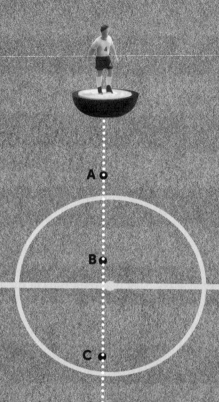

A o

B o

C o

**Gôl!**

# Bydd yn arloeswr!

Mae meddwl dyslecsig fel peiriant pinbel, â gwybodaeth yn bownsio o gwmpas dy ymennydd. Gall hyn greu ambell syniad penigamp.

# Ambell awgrym cynnar o ddyslecsia

Ond dydy hon ddim yn rhestr gyflawn.

**Plant bach**

- Ddim yn cropian pan maen nhw'n fabanod
- Hwyr yn dechrau siarad
- Gwisgo esgidiau o chwith
- Lletchwith ac yn baglu dros bethau

**Plant hŷn**

- Cael bai ar gam am beidio â gwrando neu dalu sylw
- Synnu pobl drwy ddweud pethau hynod glyfar neu ddychmygus

Yr arddegau

Diffyg hunanhyder

Defnyddio dy fysedd i wneud mathemateg hawdd

Cymryd mwy o amser na neb arall i wneud dy waith ysgrifenedig

Anghofio cyfarwyddiadau

Gwneud camgymeriadau wrth ddarllen

Cadw trefn ar dy fywyd cymdeithasol yn anodd

# Ffordd wahanol o ddysgu a meddwl yw dyslecsia

# Os ydych chi'n credu y gallai dyslecsia fod ar eich plentyn

Siaradwch â'i athro a'r tîm cynorthwyo dysgu.

Trefnwch i'ch plentyn gael prawf llygaid.

Gofynnwch am gyngor gan eich meddyg teulu.

Chwiliwch am weithiwr proffesiynol a all wneud asesiad dyslecsia.

Chwiliwch ar-lein am gymorth ac arweiniad gan sefydliadau dyslecsia.

Wrth asesu am ddyslecsia, edrychwch hefyd am anawsterau dysgu eraill, fel syndrom Asperger, anhwylder diffyg canolbwyntio a gorfywiogrwydd, dyspracsia a dyscalcwlia, oherwydd mae'n bosib bod â dyslecsia ar ei ben ei hun neu ar y cyd ag un o'r rhain.

# Cyngor Dr Del

Asesiad heb oedi, cyngor proffesiynol, person hŷn cefnogol, agwedd gadarnhaol a digonedd o waith caled.

31

# Dweud dy ddweud

Pwrpas y rhan hon o'r llyfr yw dy helpu i ddeall beth mae dyslecsia yn ei olygu i ti, a dy helpu i egluro i bobl eraill sut mae dyslecsia yn effeithio arnat ti a dy allu i ddysgu.

Ar y tudalennau canlynol, fe weli di swigod siarad gwag. Gwna farc tic neu groes ynddyn nhw os ydy'r pethau yma'n wir amdanat ti ac efallai dywed sut mae'n gwneud i ti deimlo.

Mae blychau coch ar waelod pob tudalen sy'n cynnwys cyngor call a blychau du sy'n cynnwys cyfeiriadau gwefannau defnyddiol.

Pensil yn barod!

Gair i gall

Gwefannau defnyddiol

# Beth sy'n dy roi di mewn picil?

# Mae angen i Mali weld gair sawl gwaith cyn ei bod hi'n ei gofio

I bobl heb ddyslecsia, dim ond rhyw 6 gwaith mae angen iddyn nhw weld gair, ond mae angen i rai pobl sydd â dyslecsia weld gair eto ac...

eto eto eto eto eto eto eto eto eto eto eto eto eto
eto eto eto eto eto eto eto eto eto eto eto eto eto
eto eto eto eto eto eto eto eto eto eto eto eto eto
eto eto eto eto eto eto eto eto eto eto eto eto eto
eto eto eto eto eto eto eto eto eto eto eto eto eto
eto eto eto eto eto eto eto eto eto eto eto eto eto
eto eto eto eto eto eto eto eto eto eto eto eto eto
eto eto eto eto eto eto eto eto eto eto eto eto eto
eto eto eto eto eto eto eto eto eto eto eto eto eto
eto eto eto eto eto eto eto eto eto eto eto eto eto
eto eto eto eto eto eto eto eto eto eto eto eto eto
eto eto eto eto eto eto eto eto eto eto eto eto eto
eto eto eto eto eto eto eto eto eto eto eto eto eto

Chwilia am ddull dysgu sy'n gweithio i ti a'i ymarfer bob dydd. Dyfal donc a dyr y garreg.

# Dydy Noa ddim yn adnabod sŵn llythrennau bob tro

I ddarllen, mae'n rhaid i ti wybod beth yw sŵn y llythyren rwyt ti'n edrych arni. Yr enw ar hyn yw cysylltiad llythyren a sŵn. Ydy hyn yn swnio'n gyfarwydd?

Dwi'n adnabod y llythyren, ond yn methu cofio'i sŵn.

Mae'n gwneud sŵn 'dy'.

Fe alli di greu dy gêm gardiau ffoneg dy hun ac yna'i chwarae gyda ffrind.

35

# 'Miss... be ddylwn i ei wneud nesaf?'

Er ei fod yn deall y cyfarwyddiadau, cyn gynted ag y mae'n dechrau'r dasg gyntaf, dydy Rhodri ddim yn gallu cofio beth i'w wneud nesaf.

Byddwch yn amyneddgar.
Cadwch restrau'n fyr ac yn gryno.

**Mae un** gair **o bob** tri **yn diflannu** pan **mae Ned** yn **darllen. Mae** un **gair o** bob **tri yn** diflannu **pan mae** Ned **yn darllen.** Mae **un gair** o **bob tri** yn **diflannu pan** mae **Ned yn** darllen.

I eraill, mae geiriau'n fflachio, yn siglo neu'n llifo oddi ar y dudalen...
Aaaaaa!

Defnyddia bapur lliw a
sbectol liw/troshaenau.

www.irlen.com

# Blen-dio

Mae'n anodd i Erin wybod pryd a ble mae blendio synau.

Chwilia am diwtor neu defnyddia ddulliau dysgu pwrpasol.

www.patoss-dyslexia.org
www.toe-by-toe.co.uk
www.wordshark.co.uk

# Gweld ~~cymgameriad~~ ~~camgymeirad~~ camgymeriad

Mae'n anodd i Twm weld camgymeriadau wrth iddo wirio'i waith.

Canolbwyntia ar dy syniadau a gad y gweddill i'r gwiriwr sillafu.

# Nid gofod rhwng geiriau yw'r unig anhawster i Sam wrth ddilyn stori

Hyd yn oed pan fyddaf yn sillafu yn ôl y sŵn dwi'n ei glywed, dwi'n anghywir weithiau!

Oet    collu    y    achos    fod

tin    ystir    stori    dy

Gall dy bartner darllen dy helpu drwy roi'r darlun mwy i ti a dangos y geiriau anodd.

Darllena nofelau graffig, comics, cylchgronau – stwff rwyt ti'n ei fwynhau.

môr
brysir      yn
gweuthio        pob
allan        gaer ?

# Mae Ianto yn hoffi darllen llyfrau sydd â llythrennau mwy a bwlch mwy rhwng y llinellau

Dy waith cartref yw penderfynu beth sy'n gweithio orau i ti.

12pt a 14pt –
maint ffont gwych...

1.5 – bwlch
perffaith rhwng
llinellau.................

Annwyl Mrs Hopcyn, rydych chi'n hen ffrind,
Mae'n ddrwg iawn gen i'ch gweld chi'n mynd
Gan lithro ar draws y stafell ar groen banana –
Ei roi yn y bin compost fyddai wedi bod ora'!

gan Rhodri Jones, 9 oed

A*
Gwaith gwych

Dewisa'r bwlch rhwng llinellau a'r maint gorau ar e-ddarllenwyr.

# Mae'n haws i Lleucu ddarllen ffont heb y darnau addurniadol (seriffau), fel Arial, na ffont gyda seriffau, fel Times

Dyluniad penodol o deip yw ffont ac mae rhai'n haws eu darllen nag eraill. Mae'r llyfr hwn yn defnyddio Museo Sans. Beth yw dy ffefryn di?

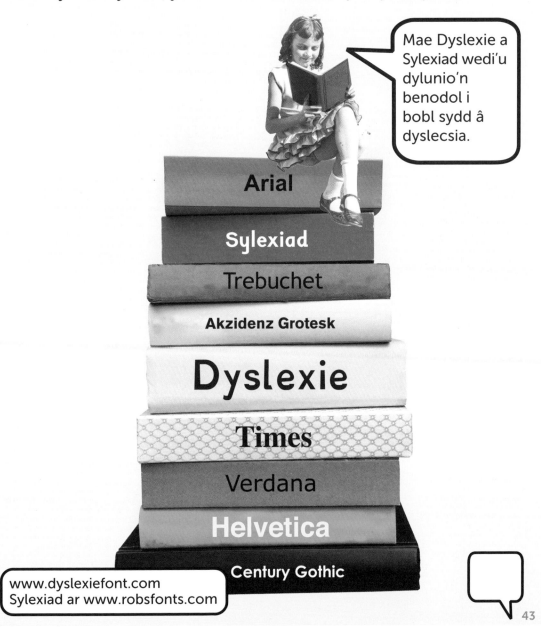

Mae Dyslexie a Sylexiad wedi'u dylunio'n benodol i bobl sydd â dyslecsia.

Arial

Sylexiad

Trebuchet

Akzidenz Grotesk

Dyslexie

Times

Verdana

Helvetica

Century Gothic

www.dyslexiefont.com
Sylexiad ar www.robsfonts.com

Mae Leo yn llunio ac yn ysgrifennu
ei lythrennau a'i eiriau o chwith

bore da

# Mae Leo yn llunio ac yn ysgrifennu ei lythrennau a'i eiriau o chwith

Roedd Leonardo da Vinci, yr arlunydd, y pensaer, y peiriannydd a'r gwyddonydd, yn ysgrifennu'r rhan fwyaf o'i nodiadau mewn ysgrifen ddrych.

Coda ddau fawd a dweud 'bore da' i gofio b a d.

**?**

# Sit, syt, sut

**yn y byd**
**mae penderfynu?**

# Mae sillafu'n anodd i Elis

Mae'n gadael llythrennau allan, yn ychwanegu llythrennau, yn rhoi llythrennau yn y drefn anghywir, yn sillafu geiriau Saesneg fel maen nhw'n swnio, ac weithiau mae ei sillafu'n ffwlbri pur!

Sit? x
Syt? x
**Sut?** √

Dysga sillafu gyda dy synhwyrau.
Dywed y gair yn uchel, ysgrifenna'r gair yn fawr a bach ac yn yr awyr!
Chwilia am eiriau o fewn geiriau.

# Mae llawysgrifen Iwan yn anniben

Weithiau mae darllen ei lawysgrifen yn amhosib ac mae ei lythrennau'n anghyson. Mae'n cymysgu priflythrennau a llythrennau bach ac mae siâp a maint ei lythrennau yn afreolaidd. Felly mae'n anodd iddo roi syniadau a theimladau ar bapur.

Ac mae fy llaw i'n blino ac yn boenus.

Dysga deipio! Rhaid cael amser ychwanegol neu gopïwr ar gyfer gwaith ysgrifenedig mewn arholiadau. Gofala dy fod yn eistedd ac yn gafael yn dy bensil yn iawn.

Touch-type Read and Spell
www.readandspell.com

# Mae dysgu ieithoedd tramor yn chwalu pen Modlen!

Mae gramadeg yn gallu bod yn ddigon anodd yn dy famiaith.
Ond dal ati, gan fod ehangu dy orwelion yn beth da ac mae'n hynod o ddefnyddiol ar wyliau!

Ww la la!

Mae'n bosib y bydd dysgu Sbaeneg, Eidaleg ac Almaeneg yn haws i ti oherwydd eu bod yn ieithoedd eitha ffonetig.

# Mae Ceridwen yn dweud un peth ond yn golygu rhywbeth arall!

# Yn 'ddiarwybodus', mae Rhodri yn creu ei eiriau ei hun i ddisgrifio pethau!

# Roedd Pierre yn methu dod o hyd i'r geiriau

Er ei fod yn gallu gweld yn union ble mae'r llwy bren, mae'n methu dod o hyd i'r gair 'bwrdd' yn ei feddwl er mwyn ateb y cwestiwn.

Mae o ar y... be-ti'n-galw. Ti'n gwybod, y peth'ma.

Paid â phoeni!

# Mae'r cwch wedi gadael heb Idris – eto fyth!

Mae cynllunio a chadw trefn ar ei fywyd cymdeithasol yn anodd iddo. Doedd o ddim yn bwriadu anghofio'i ddêt, ond wnaiff rhai merched ddim aros!

# Mae Huw yn hwyr o hyd

Mae'n anodd iddo ddeall amser a dydy o byth yn gallu barnu pa mor hir y bydd rhywbeth yn ei gymryd.

Defnyddia gloc digidol os yw darllen un analog yn anodd. Rho fwy o amser i ti dy hun.

# Mae Aled yn anobeithiol am gael pethau yn y drefn gywir

Mae'n anodd iddo gofio'r wyddor, dyddiau'r wythnos, misoedd y flwyddyn a thablau lluosi.

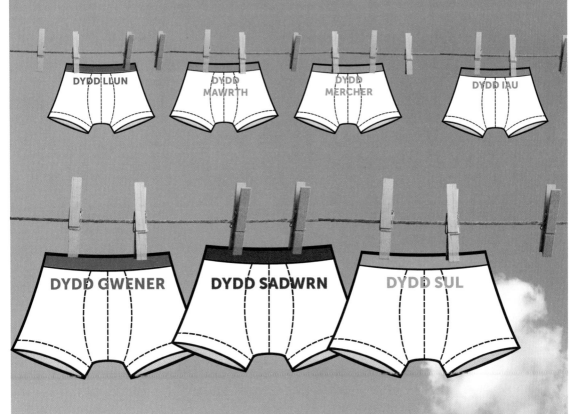

Defnyddia ganeuon dwl a gemau doniol i dy helpu i gofio.

# Mae Deio'n drysu rhwng y chwith a'r dde

Ac mae'n methu dilyn cyfarwyddiadau

Mae dy law chwith yn gwneud siâp C(hwith).

# Mae Nel yn dawnsio i'w rhythm ei hun

Mae rhai pobl cŵl yn lletchwith ac yn methu cofio pethau yn eu trefn. Ond y peth da am hynny yw y gallet ti ddod o hyd i ffordd wreiddiol a gwell.

Rwyt ti môr CŴL!

Dawnsia dy ddawns dy hun!

# Dydy gramadeg ddim yn glynu ym mhen Dylan

GLUD HUD DRUD

Gwna dy waith cartref pan mae'n fyw yn dy gof. Gofynna i dy athro neu chwilia am diwtorial ar-lein os nad wyt ti'n deall y rheolau.

# Lletchwith

Os yw'n bosib i Tedi ollwng rhywbeth neu fwrw i mewn iddo neu faglu drosto, mae'n siŵr o wneud hynny!

# Macsen yn methu cyfrif

Mae rhifyddeg sylfaenol, tablau lluosi a fformiwlâu mathemateg yn anodd iddo. Mae'n drysu wrth gyfrif, amcangyfrif a mesur, ac mae'n methu gweld y berthynas rhwng rhifau.

Dysga a defnyddia'r grid tablau lluosi. Cofia ymarfer dy fathemateg gydag arian pan fyddi di'n siopa. Gofala dy fod di'n defnyddio'r un dulliau gartref ac yn yr ysgol.

www.numbershark.co.uk

# Tudalen wag yw hunllef Sam

Mae'n anodd iddo roi ei feddyliau ar bapur.

Defnyddia ddiagramau corryn, mapiau meddwl a thechnoleg gynorthwyol.

# Camglywed, cymysgu a chamddehongli

Mae rhai pobl sydd â dyslecsia ac sy'n clywed yn berffaith yn cymysgu'r hyn maen nhw'n ei glywed, fel y mae rhai pobl ddyslecsig sydd â golwg berffaith yn gallu cymysgu'r hyn maen nhw'n ei ddarllen. Mae Elen yn gallu clywed geiriau ond mae ei meddwl yn dehongli ystyr arall. Mae hefyd yn anodd iddi ddilyn sgwrs pan fydd sŵn yn y cefndir.

Ble gawsoch chi'ch het?

Mae'n well gan rai pobl weithio mewn distawrwydd neu eistedd yn nhu blaen y dosbarth.

# Mae Sali yn synfyfyrio

Roedd yr un peth yn wir am Syr Isaac Newton, a gafodd ei syniad gorau — damcaniaeth disgyrchiant — wrth synfyfyrio o dan ganghennau coeden afalau.

Mae'r syniadau gorau'n dod wrth ymlacio'n llwyr a meddwl yn rhydd.

# Mae Manon yn cael dyddiau da a dyddiau gwael

Weithiau mae dy ddyslecsia di'n gallu bod yn fwy heriol, a hynny heb reswm yn y byd.

Bydd yn bositif, yn frwd a phaid â chynhyrfu.

# Y Bobl Anhygoel

## a'r swyddi y maen nhw'n eu gwneud

Mae'r byd yn eiddo i ti!

# Wyt ti'n hoffi trwsio pethau?

Mae'r llawfeddyg Toby Baring yn defnyddio'i resymeg i ddadansoddi problem ac yna mae'n deall sut i'w datrys. Fe sy'n arwain y gad o ran datblygu techneg pelydr-X newydd 'RSA' i gadw golwg ar anafiadau i gyhyrau'r ysgwydd. Mae Toby yn rhoi ysgwyddau sydd wedi'u datgymalu yn ôl yn eu lle!

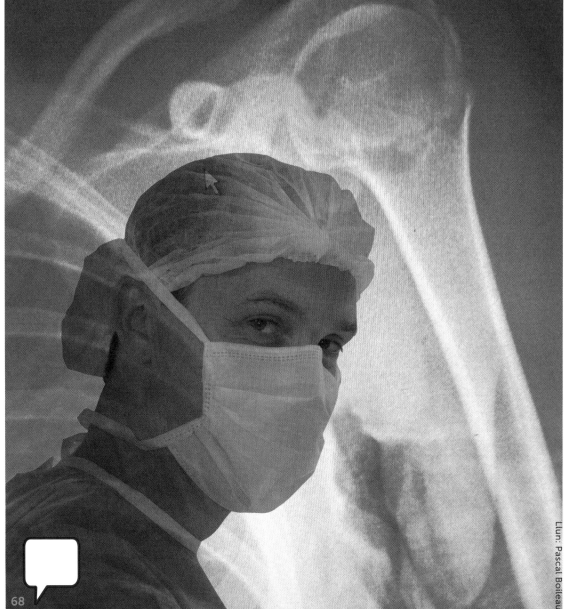

Llun: Pascal Boileau

# Wyt ti'n dechrau drwy edrych ar y manylion lleiaf er mwyn gweld y darlun mwy?

Fel Dr Sian Fogden, a ddyfeisiodd inc carbon nanotiwb newydd wrth chwarae yn ei labordy. Felly mae'n bosib nawr i sgriniau arddangos a sgriniau cyffwrdd fod yn hyblyg — mae hi'n glyfar!

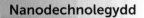

| 16 | 53 | 79 | 28 | 9 | 8 | 31 | 110 | 99 | 7 |
|----|----|----|----|----|----|----|----|----|----|
| **S** | **I** | **A** | **N**i | **F** | **O** | **G**a | **D**s | **E** | **N** |
| Sylffwr | Ïodin | Aur | Nicel | Fflworin | Ocsigen | Galiwm | Darmstadtiwm | Einsteiniwm | Nitrogen |
| 32.065 | 126.90447 | 196.96657 | 58.6934 | 18.9984 | 15.9994 | 69.723 | 281 | 252 | 14.0067 |

Inc Nano Sian

Llun: Linde

# Wyt ti'n cofio lliwiau yn union fel y maen nhw?

Mae dyslecsia yn helpu Ab Rogers fel dylunydd – oherwydd dyslecsia mae'n gallu gweld pethau mewn tri dimensiwn a chofio lliwiau, sgyrsiau, blasau ac arogleuon yn fanwl gywir.

Llun: Petr Krejci

# Wyt ti'n gallu cerdded yn dy feddwl drwy adeilad sydd heb ei godi eto?

Dysgodd Richard Rogers yn gynnar iawn na ddylai gredu pobl a oedd yn dweud bod rhywbeth yn amhosib. Roedd hynny'n gwneud iddo drio'n galetach, ac mae'n dal i drio'n galed hyd heddiw.

Le Centre Pompidou – magnifique!

Llun Canolfan Pompidou: Katsuhisa Kida. Llun Richard Rogers: Kinga Koren/RSHP

# Wyt ti'n meddwl yn wahanol?

Mae'r diwydiannau creadigol yn croesawu pobl sy'n meddwl yn wahanol. Gall pobl sydd â dyslecsia weld pethau mae pobl gyffredin yn methu'u gweld. A phwy fyddai eisiau bod yn gyffredin? Yn sicr, nid Chris Arnold.

gwreiddioldeb

dawn

creadigrwydd

dyfeisgarwch

gweledigaeth

dychymyg

clyfrwch

athrylith

menter

ysbrydoliaeth

Meddwl yn wahanol. Bod yn wahanol.

www.creativeorchestra.com

# Wyt ti'n gallu rhannu dy brofiadau?

Mae Sean Douglas, y 'Chief Operating Dyslexic' a sylfaenydd *The Codpast*, yn gwneud podlediadau diddorol i fyfyrwyr ac oedolion sydd â dyslecsia. Edrycha ar y wefan a gwrando ar y podlediad ffres a chalonogol i gael y newyddion a'r safbwyntiau diweddaraf ym maes dyslecsia.

0:17    **YN FYW**    4:08

# Wyt ti'n meddwl am syniadau wrth y metr?

Fel Henry Franks, sy'n troi pethau cyffredin yn bethau hynod iawn.
Mae ei ford 'Ideas by the Metre' yn gadael i ti fraslunio nes bydd dy
ddyluniad yn berffaith!

# Ydy dy ddychymyg di yn llawn celfyddyd hudol a ffantasïol?

Mae celf Kristjana S. Williams a'i llyfr, *The Wonder Garden*, yn rhoi cipolwg ar ei dychymyg hi. Mae'n llawn cynefinoedd rhyfeddol a chreaduriaid hudolus.

# A oes cerddoriaeth yn dy waed?

Mae hyn yn wir yn achos Dave Williamson, sy'n chwarae'r trombôn gyda Mumford & Sons. Ers pan oedd yn 6 oed, cerddoriaeth yw ei fyd – mae'n teimlo cysylltiad agos â cherddoriaeth ac mae cyfansoddi alawon yn ei ben yn hawdd iddo.

# Fedri di droedio'n fentrus a gwireddu dy freuddwydion?

Mae Natacha Marro wedi gwneud hyn ac mae hi'n creu esgidiau ar gyfer y sêr. Oherwydd ei dyslecsia, roedd hi'n canolbwyntio ar ei chryfderau. Pan mae Natacha yn ei gweithdy, mae hi wrth ei bodd. Gwna rywbeth sydd wrth dy fodd di!

# Ydy'r maes yn fwy clir os ydy'r pwnc yn fwy arbenigol?

Roedd hynny'n wir yn achos Dr Brian Darby, BEng, MSc, PhD, sydd wedi llwyddo yn y maes academaidd ac ym myd athletau. Ar hyn o bryd, mae ganddo 18 medal o bencampwriaethau Meistri Cenedlaethol Prydain, Meistri Ewrop a Meistri'r Byd. Unwaith y daeth Brian o hyd i'w faes a'i arddull dysgu, doedd neb yn gallu ei ddal.

Llun: Peter Davey

# Wyt ti'n gallu gweithio fel aelod o dîm?

Mae Kenny Logan yn gallu! Wrth ddysgu darllen, roedd chwaraewr rygbi'r Alban, yr entrepreneur chwaraeon a'r ymgyrchydd dros ddyslecsia, yn cymharu ei ymennydd â 'bwced â thwll ynddi, doedd geiriau ddim yn aros yno'. Ond dydy hi byth yn rhy hwyr i ddelio â'r broblem. Mae Kenny bellach yn hyrwyddo'r rhaglen STEP, sy'n cysylltu ymarfer corff a llythrennedd.

www.steptoday.com

# Wyt ti'n gallu ymateb yn chwim?

Syr Jackie Stewart, OBE, neu'r 'Flying Scot' fel mae'n cael ei alw, yw un o'r gyrwyr Fformiwla 1 gorau erioed. Mae hefyd yn gyflwynydd teledu, dyn busnes, sylfaenydd y Race Against Dementia Foundation a llywydd Dyslexia Scotland. Ar ôl treulio 42 mlynedd yn cuddio'i anawsterau wrth ddarllen ac ysgrifennu, roedd yn rhyddhad mawr iddo pan gafodd ei asesiad dyslecsia, a hynny'r un pryd â'i fab. Mae bob amser wedi edrych am ffyrdd i wneud pethau ychydig yn wahanol i'w wrthwynebwyr, ac wedi ennill oherwydd hynny!

Llun: Mike Shirley

# Wyt ti wrth dy fodd â chyflymder?

Mae hynny'n sicr yn wir am 'Chief Bolt' Kenny Handkammer! Roedd yn brif fecanig tîm rasio Red Bull Racing ac yn aelod o'r criw a dorrodd y record am y stop cyflymaf yn y 'pits' yn Grand Prix yr Unol Daleithiau yn 2013. Bellach mae'n torchi ei lewys fel aelod o staff Tesla Motors.

Llun: Judy Handkammer

# Wyt ti'n gallu gweld cysylltiadau cynnil?

Mae Dr Jonathan Edelman, PhD, MFA, pennaeth Dylunio Arloesol Byd-eang yn y Coleg Celf Brenhinol, yn benderfynol o ddatrys problemau mawr y byd. Mae'n dysgu myfyrwyr ôl-raddedig i edrych ar broblem, ei dadansoddi ac yna'i datrys yn fecanyddol gyda gwrthrych, yn ddeallusol drwy newid canfyddiadau pobl, ac yn chwaethus drwy gael ateb sy'n hardd a hyfryd.

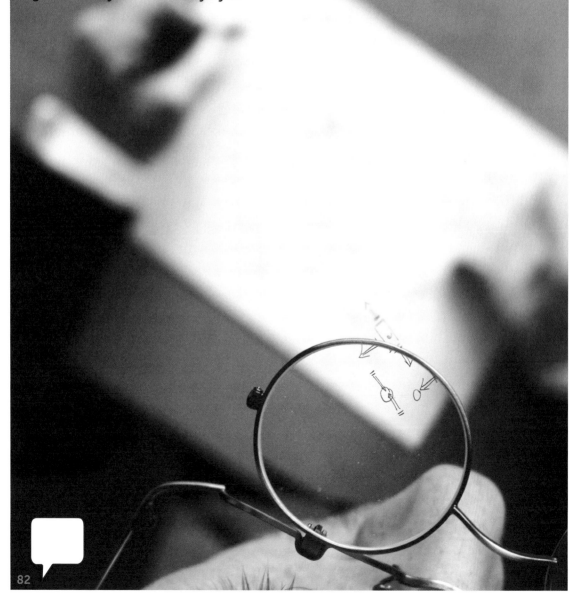

# Wyt ti'n gallu gweld potensial pobl eraill?

Mae dyslecsia Mr Fletcher wedi rhoi'r gallu iddo ddeall y myfyrwyr hynny sy'n gweld dysgu yn anodd, a'u hannog i ddal ati a cheisio canolbwyntio ar y pethau maen nhw'n eu gwneud yn dda. Mae hyn yn dy wneud di'n oedolyn gwydn.

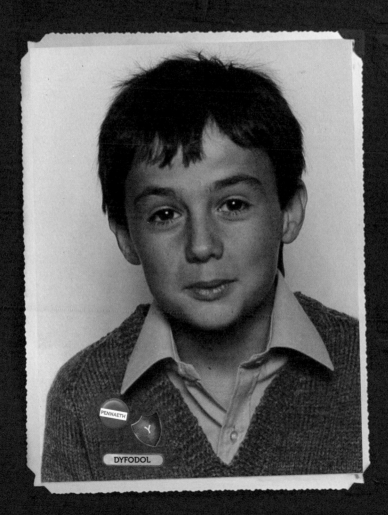

# Oes gen ti dân yn dy fol?

Dyma Rob Inch – gefell styntiau Antonio Banderas yn y ffilm, *The Legend of Zorro*. Roedd hi'n anodd i Rob ddysgu unrhyw beth doedd ganddo ddim diddordeb ynddo, ond pan oedd ganddo ddiddordeb mewn rhywbeth, roedd Rob ar dân!

Llun: Lloyd Phillips

# Oes gen ti angerdd am achos arbennig?

Sefydlodd Jim Rokos 'Dyslexic Design' er mwyn arddangos y cysylltiad rhwng dyslecsia a chreadigrwydd a'i ddathlu. Er mwyn dangos i bobl ifanc sy'n teimlo fel hwyaid bach hyll oherwydd dyslecsia, eu bod nhw'n mynd i fod yn elyrch hardd. Dyna ddawn dweud.

Llun: John R. Ward a Ruth Ward

Actor
Adeiladwr
Arlunydd
Athro
Awdur
Bargyfreithiwr
Canwr
Capten llong
Cemegydd
Codiwr
Cogydd
Comedïwr
Crefftwr
Cyfarwyddwr ffilmiau
Dawnsiwr
Deintydd
Dyfeisiwr
Dylunydd
Dylunydd ffasiwn
Dylunydd graffeg
Entrepreneur
Ffisegydd
Ffotograffydd
Garddwr tirwedd
Gweithredwr busnes
Gwyddonydd
Gyrrwr
Llawfeddyg
Mecanig
Milfeddyg
Orthodeintydd
Peilot
Peiriannydd
Pensaer
Plymiwr
Radiolegydd
Rhaglennydd cyfrifiaduron
Rhwydweithiwr cyfrifiaduron
Saer
Seryddwr
Swolegydd
Trydanwr

# Y neges FAWR olaf

Fel rhywun sydd â dyslecsia, rwyt ti'n dysgu'i bod yn rhaid i ti weithio'n galed. Gwers werth chweil ar gyfer bywyd.

**Gwna dy orau**

**Gofynna am help**

**Bydd yn driw i ti dy hun**

**Ac ymuna â'n clwb!**

Rho dy luniau a dy lwyddiannau ar Instagram
**#amazingdyslexic**

Rydyn ni ar Instagram
**@amazingdyslexic**

Rydyn ni ar Twitter
**@amazingdyslexic**

Facebook
**amazing dyslexic**

Gall dy oedolyn dy helpu i drechu anawsterau dyslecsia!

1. Mae darllen i ti o oedran ifanc yn dy ddysgu i fwynhau straeon ac yn rhoi geirfa wych i ti.

2. Wrth i ti ddarllen, sgwrsia am y stori fel dy fod di eisiau dal ati i ddarllen.

3. Gad i dy oedolyn dynnu dy sylw at eiriau anodd ymlaen llaw er mwyn cadw'r stori i symud.

4. Atgoffa dy oedolyn i gydnabod a chanmol dy ymdrech!

5. Ceisia gysylltu'r stori â phethau sydd wedi digwydd i ti.

6. Os wyt ti'n teimlo dy fod di'n cael mwy o anhawster na dy ffrindiau, siarada â rhywun – gorau po gyntaf y cei di help.

7. Gofala dy fod di'n deall y pethau rwyt ti'n eu dysgu. Mae'n anodd cofio pethau dwyt ti ddim yn eu deall.

8. Darllena'n uchel am 15 munud y dydd, o leiaf bedair gwaith yr wythnos. Bydd hyn yn gwneud gwahaniaeth enfawr.

9. Unwaith rwyt ti'n gallu darllen, dal ati i ymarfer darllen yn uchel, i dy helpu i ddarllen yn gyflymach.

10. A chadwa'r straeon amser gwely i fynd gymaint â phosib. Mae cael rhywun yn darllen i ti yn hyfryd ac mae'n ymestyn dy eirfa.

**Meddylia am benillion hurt i gofio tablau lluosi anodd.**

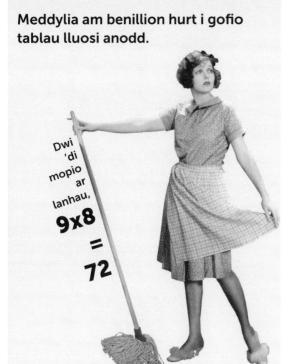

Dwi 'di mopio ar lanhau,

**9x8 = 72**

**Cysyllta lun â gair anodd i wneud synnwyr o'r sillafu.**

I sillafu
**'gorffennol'**
Gall dwy naid fynd â fi 'nôl i'r gorffennol.

**Meddylia am James â jam ar ei wyneb er mwyn cofio ei enw!**

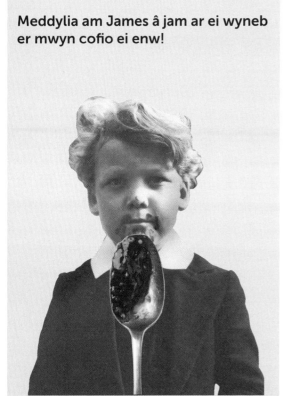

**Geiriau i brocio'r cof.**

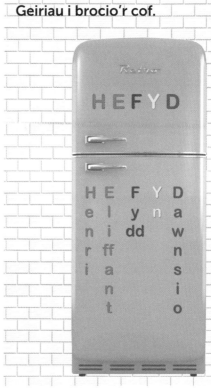

HEFYD

| H | E | F | Y | D |
|---|---|---|---|---|
| e | l | y | n | a |
| n | i | dd | | w |
| r | ff | | | n |
| i | a | | | s |
| | n | | | i |
| | t | | | o |

## Rhagor o lyfrau

**Overcoming Dyslexia** gan Sally Shaywitz, MD. Mae hwn yn llyfr gwych! Bydd yn dy helpu i ddeall sut mae'r ymennydd yn gweithio wrth ddarllen, sut i ddysgu rhywun i ddarllen a'r ffordd orau o addysgu pobl sydd â dyslecsia.

**What is Dyslexia?** gan Alan M. Hultquist. Mae'n esbonio dyslecsia yn syml ac yn glir.

**Creative, Successful, Dyslexic** gan Margaret Rooke. Llyfr rhyfeddol sy'n ysbrydoli drwy roi cipolwg ar fywydau 23 o bobl enwog sydd â dyslecsia.

**Dyslexia: A parents' guide to dyslexia, dyspraxia and other learning difficulties** gan Dr V. Muter a Dr H. Likierman. Llyfr arbennig sy'n amlinellu dyslecsia, dyspracsia ac anawsterau dysgu eraill. Mae'n rhoi cyngor da.

**Alpha to Omega: The A–Z of Teaching Reading, Writing and Spelling** gan Dyslexia Action. Roedd Modryb Sheila yn credu'n gryf bod y llyfr hwn yn helpu i ddysgu plant i ddarllen.

**Handwriting... are you concerned?** gan Beverly Scheib. Mae cyngor defnyddiol ynddo.

**O Gam i Gam** gan Elisabeth Griffith, diweddarwyd gan Alwena Tomos ac Eleri Jones. Rhaglen o waith a fydd o gymorth mawr i blant sy'n cael anhawster darllen ac ysgrifennu yn y Gymraeg.

**The Dyslexic Advantage** gan Dr Brock L. Eide a Dr Frenetter F. Eide. Bydd y llyfr hwn yn gwneud i fanteision bod â dyslecsia swnio'n gyffrous!

**Overcoming Dyslexia** gan Dr Beve Hornsby. Llyfr gwych gan arloeswr yn y maes.

**The Vicar of Nibbleswick** gan Roald Dahl. Stori hwyliog am ddyslecsia gan yr anhygoel Roald Dahl.

## Mae sefydliadau proffesiynol ledled y byd yn cynnig rhagor o gymorth

**Y Deyrnas Unedig ac Iwerddon**

Dyslecsia Cymru
Facebook: Dyslecsia Cymru / Wales Dyslexia; Twitter: @DysCym

Canolfan Dyslecsia Miles
www.dyslexia.bangor.ac.uk

Wales Dyslexia Network
www.ndnetwork.org/wales

SNAP Cymru
www.snapcymru.org

Cymdeithas Dyslecsia Prydain
www.bdadyslexia.org.uk

Canolfan Dyslecsia Helen Arkell
www.arkellcentre.org.uk

Dyslexia Scotland
www.dyslexiascotland.org.uk

Cymdeithas Dyslecsia Gogledd Iwerddon
17A Upper Newtownards Rd, Belfast BT4 3HT

Cymdeithas Dyslecsia Iwerddon
www.dyslexia.ie

**Gweddill y byd**
Cymdeithas Dyslecsia Ewrop
www.eda-info.eu

Y Gymdeithas Ddyslecsia Ryngwladol (UDA) www.interdys.org

## Pwy yw Kate a Kathy?

Mae Kate yn berson creadigol, yn guradur pethau hardd, ac o'i chwmpas mae pobl anhygoel sydd â dyslecsia! Ar ôl graddio o Goleg Celf Camberwell, aeth yn ei blaen i sefydlu Applied Arts Agency i hyrwyddo dylunio gwych. Erbyn hyn mae Kate yn gweithio mewn oriel gelf gyfoes.

Mae Kathy yn gweithio yn Youmeus, Llundain. Fel steilydd diwydiannol mae hi'n rhoi cyngor ar ddefnyddio lliw, deunyddiau a ffordd o fyw i wella profiadau o ddefnyddio cynhyrchion a brandiau. Mae ganddi ddau o blant sydd â dyslecsia.

# HAWLFREINTIAU LLUNIAU

**Delweddau'r clawr**  Merch mewn sbectol a Bachgen © Everett Collection; modrwyau © Kotsios Andreou; deunydd y ffrog © vdLee.

**Tudalen 4 a 5**  Bwrdd pren a fframiau lluniau © LiliGraphie; lluniau drwy garedigrwydd yr awdur

**Tudalen 6**  Menyw yn neidio © Everett Collection

**Tudalen 8**  Adeilad Lloyd © Richard Bryant, arcaidimages.com; bachgen © Everett Collection

**Tudalen 10 ac 11**  Soffa © Pix11; cath © Eric Isselee; mŵg © Ievgenii Meyer

**Tudalen 12**  Meistr syrcas © Everett Collection

**Tudalen 13**  Drych © Studio DMM Photography, Designs & Art

**Tudalen 14 ac 15**  Bathodyn © Jane Kelly; lluniau ysgol drwy garedigrwydd yr awdur

**Tudalen 16**  Cerflun © IMG Stock Studio; sbectol © nito; adfeilion © Ditty_about_summer

**Tudalen 18**  Adda ac Efa © Oleg Golovnev; deilen ffigys © Victoria Novak

**Tudalen 19**  Afal © Iurii Kachkovckyi

**Tudalen 21**  Blodyn © AVprophoto; offer garddio © 108MotionBG

**Tudalen 23**  Ymennydd © Morphart Creation; trawiad brwsh © Azuzl; brwsh paent © hideto999

**Tudalen 24**  Cae pêl-droed © Tusumaru; chwaraewr pêl-droed © BrunoGarridoMacias; pêl-droed © gualtiero boffi

**Tudalen 25**  Jacpot © SFerdon

**Tudalen 26 a 27**  Delweddau © Kate Power

**Tudalen 29**  Menywod ben i waered © Everett Collection

**Tudalen 30**  Clipfwrdd © Marie Maerz; pen inc © Ruslan Kudrin; blotyn inc © siloto

**Tudalen 31**  Meddyg © Everett Collection; bathodyn meddyg © andregric; bachgen © RetroClipArt

**Tudalen 32**  Pensil coch © DenisNata

**Tudalen 33**  Picl © domnitsky; cylch coch © Artishok

**Tudalen 35**  Bechgyn yn darllen © Elzbieta Sekowska; soffa © Pix11; ci © ARTSILENSE; cyrn carw © Alamy; pen tarw © Alamy; llaw © jrodrigues

**Tudalen 36**  Swigod siarad © PremiumVector; athrawes © RetroClipArt; bachgen yn wincio © RetroClipArt

**Tudalen 37**  Bachgen © Everett Collection; cwningen mewn het © Anneka; moronen © Valentina Razumova

**Tudalen 38**  Merch © RetroClipArt; blendiwr © trekandshoot; sblash © Lukas Gojda

**Tudalen 39**  Ci © jadimages; het © pirtuss; siaced © phovoir; chwyddwydr © TeodoraD

**Tudalen 40 a 41**  Cefndir gofod © Igor Kovalchuk; gofodwr © Vadim Sadovski; wyneb plentyn © Kathy Forsyth

**Tudalen 42**  Croen banana © eelnosiva; cylch coch © Artishok

**Tudalen 43**  Merch yn darllen © Everett Collection; pentwr llyfrau © Kate Power

**Tudalen 44 a 45**  Ffrâm bren © Alesandro14; Leonardo © Everett Historical; bathodyn L © Susse_n; bodiau © Vinko93;

**Tudalen 47**  Bachgen © stock.adobe.com

**Tudalen 48**  Bachgen yn ysgrifennu © Serdar Tibet; papur â llinellau © orangeberry

**Tudalen 49**  Merch © chippix; beret coch © Mega Pixel; llyfr Français © spaxiax

**Tudalen 50**  Menyw © AKaiser; diffoddwr tân © tristan tan

**Tudalen 51**  Dillad dol bapur © fresher

**Tudalen 52**  Cogydd © Everett Collection

**Tudalen 53**  Menyw'n rhwyfo © Everett Collection

**Tudalen 54**  Prif wyneb cloc © rangizzz; clociau cefndir © dramaj; coesau © Maridav

**Tudalen 55**  Awyr las © Serg64; dillad isaf © Tribalium; pegiau dillad © L.Burka Studio

*hefyd o ddiddordeb*

## CREATIVE, SUCCESSFUL, DYSLEXIC
**23 high achievers share their stories**
*Margaret Rooke*
*Rhagair gan Mollie King*
ISBN 978 1 78592 060 8
eISBN 978 1 78450 163 1

## DYSLEXIA IS MY SUPERPOWER
(Most of the time)
*Margaret Rooke*
ISBN 978 1 78592 299 2
eISBN 978 1 78450 606 3

## I DON'T LIKE READING!
*Lisabeth Emlyn Clark*
ISBN 978 1 78592 354 8
eISBN 978 1 78450 693 3

## CAN I TELL YOU ABOUT DYSLEXIA?
A guide for friends, family and professionals
*Alan M. Hultquist*
*Darluniau gan Bill Tulp*
ISBN 978 1 84905 952 7
eISBN 978 0 85700 810 7